바른 글씨체를 잡아 주는

영어 속담

따라 쓰기

마선미 글 | 김영곤 그림

주니어김영사

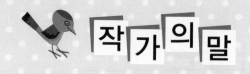

영어 속담도 익히고, 영어 글씨체도 예쁘게 바로잡아요!

요즘에는 직접 손으로 쓰는 일이 적지요? 컴퓨터나 휴대전화 같은 전자 매체로 많이 글을 쓰기 때문에 글씨체가 중요하지 않다고 생각하는 사람들이 있어요. 하지만 글씨체를 보면 그 사람의 마음이나 태도까지 알 수 있대요. 그래서 글씨체는 그 사람의 얼굴이라고 표현하기도 해요. 거기다가 요즘은 각종 글쓰기 대회와 논술형 문제까지 많아져 바르게 글을 쓰는 게 아주 중요해요. 시험지에 적은 답의 내용이 아무리 좋더라도 다른 사람이 알아볼 수 없을 정도로 글씨체가 엉망이라면 소용이 없겠지요?

영어 글씨체도 마찬가지예요. 예전에 비해 영어를 배우는 나이가 점점 빨라지고 있어요. 학원 숙제를 빨리 해 내려면 바른 영어 글씨 쓰기에 익숙해져야 해요. 영어로만 진행하는 학교 수업도 늘어나고 있어요. 그러다 보니 영어 손글씨를 쓰기 힘들어하는 친구들도 점점 많아지고 있어요. 어떻게 하면 우리 친구들이 쉽고 재미있게 영어 글씨체를 바로잡을 수 있을까요?

영어 글씨체를 바로잡기 위해서는 많이 써 보는 것이 중요해요. 바른 글씨를 따라 정성을 들여 쓰기만 하면 자신도 모르게 예쁜 글씨체를 가질 수 있어요. 하지만 무턱 대고 따라 쓰다 보면 지루하겠지요?

이 책은 영어 속담이나 명언을 익히면서 동시에 바른 영어 글씨체도 익히게 해 줘요. 한마디로 일석이조(一石二鳥), 영어 속담으로 말하면 Killing two birds with one stone. (한 개의 돌멩이로 두 마리의 새를 잡는다.)이지요.

　영어 속담이 어렵게 느껴지는 친구도 있을 거예요. 하지만 영어 속담에도 우리 속담처럼 옛 사람들이 전하는 삶의 지혜와 교훈이 담겨 있어요. 그래서 우리 속담과 영어 속담 중에 의미가 비슷한 것들이 많아요. 예를 들어 After pain comes joy.는 '고생 끝에 즐거움이 온다.'라는 우리 속담과 같은 뜻이고, 고진감래(苦盡甘來)라는 사자성어와도 같은 의미이지요. 이처럼 영어 속담을 알고 있으면 우리말 표현력에도 도움이 돼요. 어렵다고만 생각하지 말고 멋진 영어 문장을 익힌다는 생각으로 따라 쓰기를 시작해 보세요.

　바른 글씨체는 하루아침에 이뤄지지 않아요. 처음에는 빨리 쓰는 것보다는 정확하고 바르게 쓰는 것이 더 중요해요. 그래야 나중에 더 빨리 쓸 수 있어요. 글씨체가 금방 예뻐지지 않는다고 포기하지 말고, 마음을 차분하게 가지고 매일 조금씩 연습해 보세요. 나도 모르는 사이 영어 속담도 많이 알고 영어 글씨체도 예쁘게 바뀌어 있을 거예요. 그럼 이제 시작해 볼까요?

마 선 미

이 책을 어떻게 공부하면 좋을까요?

단계별로 차근차근 따라 써 보세요!

이 책은 우리가 꼭 익혀야 할 영어 속담을 따라 쓰면서 영어 글씨체를 바로잡는 워크북이에요. 단계별로 쉬운 영어 속담부터 차례로 익힐 수 있도록 구성했어요.

1단계는 주어와 동사로만 이루어졌거나 주어와 동사, 보어로 이루어진 문장으로 구성되어 있어요. 짧고 쉽기 때문에 금세 따라 쓰기에 재미를 붙일 수 있을 거예요.

2단계는 1단계와 비슷한 형식의 문장이지만 no나 nothing 같은 단어가 등장해서 뒤에서 수식하는 문장이 추가되었어요. 단어가 더 들어가기 때문에 문장도 조금 길어지겠지요? 하지만 대부분 쉬운 단어이니까 금방 익힐 수 있을 거예요.

3단계는 명령문이나 수동태 등과 같이 좀 더 복잡한 형식의 문장들을 익힐 거예요. 이제는 단어도 더 많고 문장도 복잡해졌기 때문에 따라 쓰기가 조금 힘들지도 몰라요. 하지만 할 수 있다는 자신감을 가지고 차근차근 따라 써 보자고요!

4단계는 복문이나 비교급 그리고 관용적인 표현 등이 등장해요. 문장만 보면 어렵지만 대부분 우리가 일상에서 많이 쓰는 속담이기 때문에 그 뜻을 알고 나면 '식은 죽 먹기'일 거예요. 뜻을 생각하고 소리내어 문장을 읽으면서 따라 써 보세요.

영어 속담을 보고 처음부터 겁 먹는 친구들도 있을 거예요. 하지만 대부분 우리 일상 생활에서 자주 쓰거나 꼭 익혀야 하는 교훈과 같은 내용이기 때문에 따라 쓰다 보면 금세 익숙해진답니다. 그리고 각 단계마다 앞에서 배운 속담을 그림이나 퍼즐로 재미있게 복습할 수도 있어서 어느새 나도 모르게 영어 속담을 술술 외우고, 영어 글씨도 예쁘게 쓸 수 있을 거예요.

《영어 속담 따라 쓰기》는 이런 점이 좋아요!

❶ 영어를 쉽고 바르게 익혀요.
영어 글씨 쓰기에 익숙하지 않은 어린이들이 쓰기에 알맞은 글자 크기로 되어 있어요.
또 알파벳의 위치를 생각하면서 단어와 속담을 따라 쓸 수 있기 때문에 영어 글씨체를
쉽게 바로잡을 수 있어요.

❷ 표현력을 높일 수 있어요.
영어 속담을 많이 알면 영작에서 표현력이 높아져요. 내 생각을 영어로 쓰거나 말할 때
영어 속담을 활용한다면 명료하면서도 간략하게 의견을 전달할 수 있어요.

❸ 영어 속담을 오래 기억할 수 있어요.
영어 속담을 단순히 눈으로 읽는 것보다 한글 뜻과 함께 따라 쓰면서 외우면 훨씬 더
오래 기억할 수 있답니다.

❹ 차근차근 수준별로 속담을 익힐 수 있어요.
영어 문법과 단어 수준을 고려해 수준별로 속담을 골라 구성해서 영문 패턴에도 익숙
하게 합니다.

❺ 손과 팔에 힘이 길러져요.
따라 쓰기를 하다 보면 어느 순간 크게 힘들이지 않고도 글씨를 빠르고 예쁘게 쓸 수
있는 힘이 생겨요. 연필심을 너무 뾰족하지 않게 적당히 깎아서 쓰기 시작하세요.

❻ 인내심과 집중력을 길러요.
따라 쓰기를 하는 동안만큼은 들떴던 마음을 차분하게 가라앉힐 수 있고, 인내심과 집
중력을 기를 수 있답니다.

❼ 속담을 활용한 다양한 놀이로, 따라 쓰기가 지겹지 않아요.
그림을 보고 속담 맞히기, 속담 속의 빈칸 채우기 등으로 앞에서 배운 영어 속담을 재
미있게 복습할 수 있어요.

차 례

1단계

The word 'impossible' is not in my dictionary.
(내 사전에는 '불가능'이란 없다.)

2단계

You become what you think of.
(너는 네가 생각하는 대로 된다.)

3단계

Sincerity is the way of heaven.
(지성이면 감천이다.)

4단계

Everything you can imagine is real.
(상상할 수 있는 모든 것은 현실이 될 수 있다.)

The word 'impossible' is not in my dictionary.

(내 사전에는 '불가능'이란 없다.)

오스트리아 군대와 싸우기 위해 알프스 산을 넘던 프랑스의 나폴레옹
군대는 심한 눈보라를 맞게 돼요. 하지만 나폴레옹은 "내 사전에는
'불가능'이란 없다!"라고 말하며 험난한 알프스 산을 넘었고,
결국 군대를 승리로 이끌었어요. 나폴레옹처럼 아무리 어려운 현실이
닥쳐도 긍정적으로 희망과 용기를 품으면 마지막에는 원하는 것을
이루어낼 수 있어요. 영어 속담 역시 당장은 어렵게 느껴지지만
할 수 있다는 생각으로 열심히 따라 써 보기를 시작할까요?

영어 속담에 담긴 뜻을 알아보아요.

1. Time is gold.

 시간이 금처럼 소중하고 가치가 있다는 뜻이에요. 'Time is money.'와 비슷한 말이에요.

Time is gold.
시간은 금이다.

 영어 속담에 들어 있는 단어를 따라 써 보세요.

time time time time

시간

is is is is

～이다 (원형: be)

gold gold gold gold

금, 황금

Time is gold.

시간은 금이다.

Time is gold.

시간은 금이다.

Time is gold.

시간은 금이다.

2. Life is a risk.

 인생에서는 언제나 위기의 순간이 있기 때문에 항상 준비하고, 대비하자는 뜻이에요.

Life is a risk.

인생은 위험의 연속이다.

영어 속담에 들어 있는 단어를 따라 써 보세요.

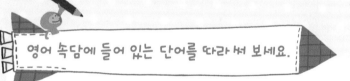

life life life life

인생

is is is is

～이다 (원형: be)

risk risk risk risk

위험, 위기

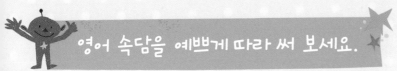

Life is a risk.

인생은 위험의 연속이다.

Life is a risk.

인생은 위험의 연속이다.

Life is a risk.

인생은 위험의 연속이다.

3. No pain, no gain.

 원하는 것을 얻는 과정은 항상 어려움이 따른다는 뜻이에요.

No pain, no gain.

고통 없이는 얻는 것도 없다.

영어 속담에 들어 있는 단어를 따라 써 보세요.

no no no no

없다, 전혀 ~없는

pain pain pain pain

고통, 통증

gain gain gain gain

얻다

No pain, no gain.
고통 없이는 얻는 것도 없다.

No pain, no gain.

고통 없이는 얻는 것도 없다.

No pain, no gain.

고통 없이는 얻는 것도 없다.

4. Knowledge is power.

 열심히 공부해서 힘이 되는 지식을 쌓아야 한다는 의미랍니다.

Knowledge is power.

아는 것이 힘이다.

 영어 속담에 들어 있는 단어를 따라 써 보세요.

knowledge knowledge knowledge

지식, 아는 것

knowledge

is is is is

～이다 (원형: be)

power power power power

힘, 권력

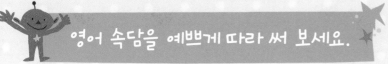
Knowledge is power.

아는 것이 힘이다.

Knowledge is power.

아는 것이 힘이다.

Knowledge is power.

아는 것이 힘이다.

5. Easy come, easy go.

 손쉽게 구할 수 있는 것은 그만큼 쉽게 사라진다는 뜻이에요.

Easy come, easy go.

쉽게 온 것은 쉽게 간다.

영어 속담에 들어 있는 단어를 따라 써 보세요.

easy easy easy easy

쉬운, 편안한

come come come come

오다

go go go go

가다

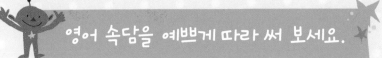
Easy come, easy go.

쉽게 온 것은 쉽게 간다.

Easy come, easy go.

쉽게 온 것은 쉽게 간다.

Easy come, easy go.

쉽게 온 것은 쉽게 간다.

6. Hope for the best.

 항상 긍정적인 생각으로 희망을 잃지 않으면 언젠가는 좋은 일이 생긴다는 뜻이에요.

Hope for the best.

끝까지 희망을 잃지 마라.

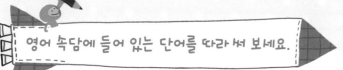 영어 속담에 들어 있는 단어를 따라 써 보세요.

hope hope hope hope

바라다, 희망하다

for for for for

~을 위하여

best best best best

최고의 (good의 최상급)

Hope for the best.

끝까지 희망을 잃지 마라.

Hope for the best.

끝까지 희망을 잃지 마라.

Hope for the best.

끝까지 희망을 잃지 마라.

7. Time is a great healer.

 시간이 가장 좋은 치료제가 될 수 있다는 말이에요. 지금 겪고 있는 일이 힘들지만, 시간이 지나면 괜찮아지고, 그 상처도 낫게 된다는 뜻이에요.

Time is a great healer.

시간이 약이다.

 영어 속담에 들어 있는 단어를 따라 써 보세요.

time time time time
시간

is is is is
~이다 (원형: be)

great great great great
대단한, 훌륭한

healer healer healer healer
치료제, 치유자

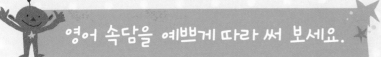 

Time is a great healer.

시간이 약이다.

Time is a great healer.

시간이 약이다.

Time is a great healer.

시간이 약이다.

8. Nothing great is easy.

 의미 있는 큰일은 그만큼 이루기가 쉽지 않다는 뜻이에요.

Nothing great is easy.

위대한 일에 쉬운 것은 없다.

 영어 속담에 들어 있는 단어를 따라 써 보세요.

nothing nothing nothing nothing

조금도 ~않는 것, 아무것도 ~아닌 것

great great great great

대단한, 훌륭한, 큰

easy easy easy easy

쉬운, 편안한

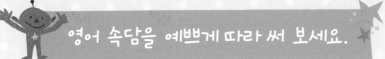

Nothing great is easy.

위대한 일에 쉬운 것은 없다.

Nothing great is easy.

위대한 일에 쉬운 것은 없다.

Nothing great is easy.

위대한 일에 쉬운 것은 없다.

9. The life is only once.

 인생은 단 한 번뿐이므로, 매 순간에 최선을 다해야 한다는 뜻이에요.

The life is only once.

인생은 오직 한 번뿐이다.

 영어 속담에 들어 있는 단어를 따라 써 보세요.

life life life life

인생

is is is is

~이다 (원형: be)

only only only only

오직, 유일한

once once once once

한 번

The life is only once.

인생은 오직 한 번뿐이다.

The life is only once.

인생은 오직 한 번뿐이다.

The life is only once.

인생은 오직 한 번뿐이다.

10. Success is never final.

무엇인가를 얻었다고 해서 모든 게 끝은 아니겠지요? 또 다른 도전이 기다리고 있답니다. 이 말은 영국의 수상이었던 윈스턴 처칠이 한 말이라고 해요.

Success is never final.

성공이 끝이 아니다.

영어 속담에 들어 있는 단어를 따라 써 보세요.

success	success success success
성공	
never	never never never
(조금도, 결코) ~아닌	
final	final final final
최후의, 마지막의, 결승전	

Success is never final.

성공이 끝이 아니다.

Success is never final.

성공이 끝이 아니다.

Success is never final.

성공이 끝이 아니다.

❶ 시간 : Time   is gold.

❷ 인생 : [   ]   is a risk.

❸ No 고통 : [   ], no gain.

❹ Knowledge is 힘 : [   ].

❺ Easy come, easy 가다 : [   ].

❻ 바라다 : [   ]   for the best.

❼ Time is a 대단한 : [   ]   healer.

❽ Nothing great is 쉬운 : [   ].

❾ The life is 오직 : [   ]   once.

❿ 성공 : [   ]   is never final.

〈가로 속담〉

① Success is never _____.

② Knowledge is _____.

③ Time is a great _____.

④ _____ come, easy go.

〈세로 속담〉

❶ Time is a _____.

❷ The life is only _____.

❸ No _____, no gain.

❹ _____ for the best.

❺ Life is a _____.

31

쉬어가기 다음 그림을 보고 떠오르는 속담을 영어와 한글로 적어 보세요.

①

저한테 금같이 소중한 시간을 내서 아빠를 도와 드릴 테니 끼고 계신 금반지를 저 주세요.

답: _____

_____

②

3개월 후

역시 날씬한 몸매는 그냥 얻을 수 없지.

답: _____

_____

정답

❶ Time is gold. 시간은 금이다. ❷ No pain, no gain. 고통 없이는 얻는 것도 없다.

32

❶ Time is gold.

❷ Life is a risk.

❸ No pain, no gain.

❹ Knowledge is power.

❺ Easy come, easy go.

❻ Hope for the best.

❼ Time is a great healer.

❽ Nothing great is easy.

❾ The life is only once.

❿ Success is never final.

A. 쉽게 온 것은 쉽게 간다.

B. 시간이 약이다.

C. 인생은 위험의 연속이다.

D. 아는 것이 힘이다.

E. 시간은 금이다.

F. 위대한 일에 쉬운 것은 없다.

G. 인생은 오직 한 번뿐이다.

H. 고통 없이는 얻는 것도 없다.

I. 성공이 끝이 아니다.

J. 끝까지 희망을 잃지 마라.

정답

❶ E **❷** C **❸** H **❹** D **❺** A **❻** J **❼** B **❽** F **❾** G **❿** I

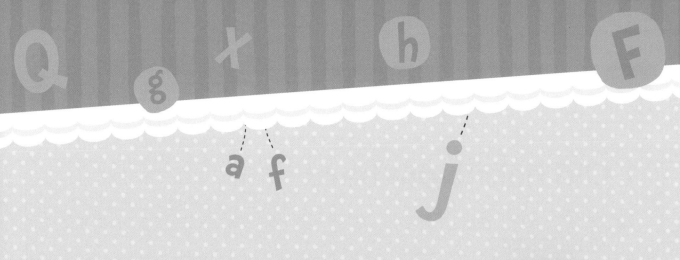

You become
what you think of.
(너는 네가 생각하는 대로 된다.)

미국의 성공학 연구자이자 작가인 나폴레온 힐은 부모님으로부터
"너는 틀림없이 역사에 이름을 남길 위대한 작가가 될 것이다."라는 말을
들으며 자랐고, 결국 그는 작가가 되어 자신의 꿈을 이루었어요.
꿈을 이루는 사람들의 첫 번째 열쇠가 바로 마음가짐이지요.
여러분도 할 수 있다는 생각으로 열심히 영어 속담을 따라 써 보세요.
자신도 모르는 사이에 속담도 외우고 영어도 예쁘게 쓸 수 있을 거예요.

1. Old habits die hard.

 한번 들인 습관은 없애기가 어려워요. '세 살 버릇이 여든까지 간다.'라는 우리나라 속담과 의미가 비슷해요.

Old habits die hard.

오래된 습관은 쉽게 사라지지 않는다.

 영어 속담에 들어 있는 단어를 따라 써 보세요.

old old old old

오래된, 낡은

habits habits habits habits

습관 (단수: habit)

die hard die hard die hard

쉽게 사라지지 않다, 끝까지 버티다

die hard

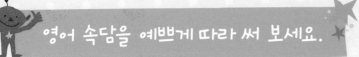 

Old habits die hard.

오래된 습관은 쉽게 사라지지 않는다.

Old habits die hard.

오래된 습관은 쉽게 사라지지 않는다.

Old habits die hard.

오래된 습관은 쉽게 사라지지 않는다.

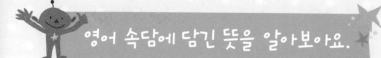

2. Asking costs nothing.

 궁금하거나 알고 싶은 것은 참지 말고 반드시 물어 보라는 뜻이에요.

Asking costs nothing.

질문은 비용이 들지 않는다.

영어 속담에 들어 있는 단어를 따라 써 보세요.

asking asking asking asking

질문, 부탁

costs costs costs costs

비용이 들다 (원형: cost)

nothing nothing nothing nothing

없음, 아무것도 ~아닌 일

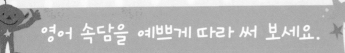
Asking costs nothing.

질문은 비용이 들지 않는다.

Asking costs nothing.

질문은 비용이 들지 않는다.

Asking costs nothing.

질문은 비용이 들지 않는다.

3. No man is born wise.

 이 세상에 태어나면서부터 무엇이든지 잘하는 사람은 없겠지요. 현명한 사람이 되기 위해서는 많은 노력이 필요하다는 뜻이랍니다.

No man is born wise.

태어나면서부터 현명한 사람은 없다.

 영어 속담에 들어 있는 단어를 따라 써 보세요.

no no no no

없다, 전혀 ~없는

man man man man

사람, 인간

born born born born

태어나다

wise wise wise wise

현명한, 똑똑한

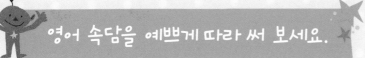
No man is born wise.

태어나면서부터 현명한 사람은 없다.

No man is born wise.

태어나면서부터 현명한 사람은 없다.

No man is born wise.

태어나면서부터 현명한 사람은 없다.

4. After pain comes joy.

 힘든 일을 겪은 후에 즐거움이 온다는 뜻이에요. 고진감래(苦盡甘來)라는 사자성어와 같은 의미예요.

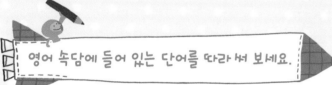After pain comes joy.

고생 끝에 즐거움이 온다.

영어 속담에 들어 있는 단어를 따라 써 보세요.

after after after after
～뒤에, ～후에

pain pain pain pain
아픔, 고통

comes comes comes comes
오다 (원형: come)

joy joy joy joy
즐거움, 기쁨

After pain comes joy.

고생 끝에 즐거움이 온다.

After pain comes joy.

고생 끝에 즐거움이 온다.

After pain comes joy.

고생 끝에 즐거움이 온다.

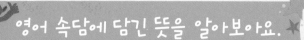

5. Practice makes perfect.

 어떤 일이든지 꾸준히 연습하고 노력한다면 언젠가는 그 일을 잘 해낼 수 있다는 뜻이에요.

Practice makes perfect.

연습이 최고를 만든다.

 영어 속담에 들어 있는 단어를 따라 써 보세요.

practice practice practice practice

연습, 습관

makes makes makes makes

만들다 (원형: make)

perfect perfect perfect perfect

완벽한

Practice makes perfect.

연습이 최고를 만든다.

Practice makes perfect.

연습이 최고를 만든다.

Practice makes perfect.

연습이 최고를 만든다.

6. Well begun is half done.

 시작하는 것이 얼마나 중요한지를 알려주는 말이에요. 그리스의 유명한 철학자인 아리스토텔레스가 한 말이랍니다.

Well begun is half done.

시작이 반이다.

 영어 속담에 들어 있는 단어를 따라 써 보세요.

well well well well

잘, 좋게

begun begun begun begun

시작된 (원형: begin)

half half half half

절반, 2분의 1

done done done done

다 된, 완성된

Well begun is half done.

시작이 반이다.

Well begun is half done.

시작이 반이다.

Well begun is half done.

시작이 반이다.

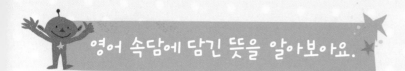
7. Today never comes back.

 오늘은 다시 돌아오지 않기 때문에 주어진 시간을 열심히 살아야 한다는 뜻이에요.

Today never comes back.

오늘은 결코 다시 돌아오지 않는다.

 영어 속담에 들어 있는 단어를 따라 써 보세요.

today today today today

오늘

never never never never

(조금도, 결코) ~아닌

comes back comes back comes back

돌아오다 (원형: come back)

comes back

Today never comes back.

오늘은 결코 다시 돌아오지 않는다.

Today never comes back.

오늘은 결코 다시 돌아오지 않는다.

Today never comes back.

오늘은 결코 다시 돌아오지 않는다.

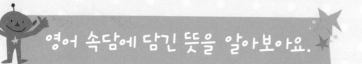
8. Great hopes make great men.

 큰 희망을 가지면 그만큼 성취할 가능성도 높다는 뜻이에요. 큰 꿈을 꾸는 것이 얼마나 중요한지 알려 주는 말이에요.

Great hopes make great men.

포부는 훌륭한 사람을 만든다.

 영어 속담에 들어 있는 단어를 따라 써 보세요.

great great great great

대단한, 훌륭한

hopes hopes hopes hopes

희망, 기대 (단수: hope)

make make make make

만들다

men men men men

사람들 (단수: man)

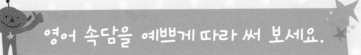
Great hopes make great men.

포부는 훌륭한 사람을 만든다.

Great hopes make great men.

포부는 훌륭한 사람을 만든다.

Great hopes make great men.

포부는 훌륭한 사람을 만든다.

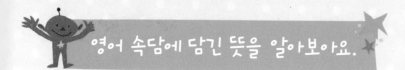

영어 속담에 담긴 뜻을 알아보아요.

9. Everything depends on only our mind.

 어려움에 부딪혔을 때 긍정적으로 생각하면 모든 일이 잘 풀린다는 뜻이랍니다.

Everything depends on only our mind.

모든 일은 오직 마음먹기에 달려 있다.

영어 속담에 들어 있는 단어를 따라 써 보세요.

everything everything everything

모든 것(일)

depends on depends on depends on

~에 달려 있다 (원형: depend on)

only only only only

오직, 유일한

mind mind mind mind

마음

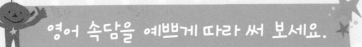 

Everything depends on only our mind.
모든 일은 오직 마음먹기에 달려 있다.

Everything depends on only our mind.

모든 일은 오직 마음먹기에 달려 있다.

Everything depends on only our mind.

모든 일은 오직 마음먹기에 달려 있다.

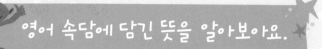
10. Every failure is a stepping stone to success.

 실패를 거울 삼아 계속 노력한다면 언젠가는 성공할 수 있다는 뜻이에요.

Every failure is a stepping stone to success.

모든 실패는 성공의 디딤돌이다.

영어 속담에 들어 있는 단어를 따라 써 보세요.

every every every every

모든

failure failure failure failure

실패

stepping stone stepping stone

디딤돌

success success success

성공

Every failure is a stepping stone to success.

모든 실패는 성공의 디딤돌이다.

Every failure is a stepping stone to success.

모든 실패는 성공의 디딤돌이다.

Every failure is a stepping stone to success.

모든 실패는 성공의 디딤돌이다.

❶ 오래된 : Old habits die hard.

❷ Asking costs 없음 :   .

❸ No 사람 :   is born wise.

❹ After pain comes 즐거움 :   .

❺ 연습 :   makes perfect.

❻ Well begun is 절반 :   done.

❼ 오늘 :   never comes back.

❽ Great hopes 만들다 :   great men.

❾ 모든 것 :   depends on only our mind.

❿ Every failure is a stepping stone to

성공 :   .

〈가로 속담〉

① Great _____ make great men.

② Well begun is _____ done.

③ No man is born _____.

④ _____ never comes back.

〈세로 속담〉

❶ Asking costs _____.

❷ Practice makes _____.

❸ Every _____ is a stepping stone to success.

❹ Everything depends on only our _____.

❺ After pain comes _____.

❶

답: _____

❷

답: _____

정답

❷ Asking costs nothing. 질문은 비용이 들지 않는다.
❶ Today never comes back. 오늘은 결코 다시 돌아오지 않는다.

58

1 Old habits die hard.

2 Asking costs nothing.

3 No man is born wise.

4 After pain comes joy.

5 Practice makes perfect.

6 Well begun is half done.

7 Today never comes back.

8 Great hopes make great men.

9 Everything depends on only our mind.

10 Every failure is a stepping stone to success.

A. 태어나면서부터 현명한 사람은 없다.

B. 연습이 최고를 만든다.

C. 질문은 비용이 들지 않는다.

D. 오늘은 결코 다시 돌아오지 않는다.

E. 포부는 훌륭한 사람을 만든다.

F. 오래된 습관은 쉽게 사라지지 않는다.

G. 모든 일은 오직 마음먹기에 달려 있다.

H. 모든 실패는 성공의 디딤돌이다.

I. 시작이 반이다.

J. 고생 끝에 즐거움이 온다.

정답

1 F **2** C **3** A **4** J **5** B **6** I **7** D **8** E **9** G **10** H

3단계

Sincerity is the way of heaven.

(지성이면 감천이다.)

여러분도 소원이 있나요?

'지성이면 감천이다.'라는 말은 자신이 정말 원한다면,

하늘도 감동해서 이루어진다는 뜻이에요.

예쁜 글씨를 원한다면 마음 속으로 기도하고, 열심히 써 보세요.

언젠가는 더 멋진 글씨를 뽐내는 날이 오겠지요?

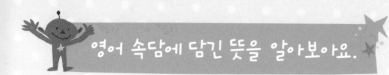

1. Think slowly, act quickly.

생각은 오랫동안 신중히 하고, 그 대신 마음을 먹으면 빨리 실행으로 옮기라는 뜻이에요.

Think slowly, act quickly.

천천히 생각하고 빨리 행동하라.

 영어 속담에 들어 있는 단어를 따라 써 보세요.

think think think think

생각하다

slowly slowly slowly slowly

천천히

act act act act

행동하다

quickly quickly quickly quickly

재빨리

Think slowly, act quickly.

천천히 생각하고 빨리 행동하라.

Think slowly, act quickly.

천천히 생각하고 빨리 행동하라.

Think slowly, act quickly.

천천히 생각하고 빨리 행동하라.

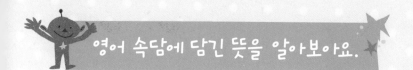

2. Rome was not built in a day.

 고대 최고의 제국이었던 로마도 번성하기까지 500년의 시간이 걸렸다고 해요. 이처럼 큰 성과에는 그만큼의 시간과 노력이 따른다는 뜻이에요.

Rome was not built in a day.

로마는 하룻밤에 만들어지지 않았다.

 영어 속담에 들어 있는 단어를 따라 써 보세요.

was was was was

~였다 (원형: be)

not not not not

아닌

built built built built

만들어진, 건축된 (원형: build)

in a day in a day in a day in a day

하루에

영어 속담을 예쁘게 따라 써 보세요.

Rome was not built in a day.

로마는 하룻밤에 만들어지지 않았다.

Rome was not built in a day.

로마는 하룻밤에 만들어지지 않았다.

Rome was not built in a day.

로마는 하룻밤에 만들어지지 않았다.

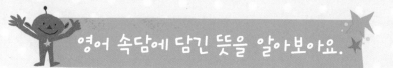

3. Every cloud has a silver lining.

어떤 힘든 상황에도 희망을 잃지 말라는 의미로, '쥐구멍에도 볕 들 날이 있다.'라는 우리나라 속담과 비슷한 뜻이에요.

Every cloud has a silver lining.

모든 구름 안에는 은빛 자락이 있다.

 영어 속담에 들어 있는 단어를 따라 써 보세요.

cloud cloud cloud cloud

구름

has has has has

가지다, 얻다(원형: have)

silver silver silver silver

은빛의

lining lining lining lining

안감, 가장자리, 자락

Every cloud has a silver lining.

모든 구름 안에는 은빛 자락이 있다.

Every cloud has a silver lining.

모든 구름 안에는 은빛 자락이 있다.

Every cloud has a silver lining.

모든 구름 안에는 은빛 자락이 있다.

4. Idleness is an enemy to success.

나태한 마음으로 게으르게 행동한다면 결코 성공할 수 없다는 뜻이에요.

Idleness is an enemy to success.

게으름은 성공의 적이다.

 영어 속담에 들어 있는 단어를 따라 써 보세요.

idleness idleness idleness

게으름

enemy enemy enemy enemy

적, 적군

to to to to

~에, ~까지

success success success

성공

Idleness is an enemy to success.

게으름은 성공의 적이다.

Idleness is an enemy to success.

게으름은 성공의 적이다.

Idleness is an enemy to success.

게으름은 성공의 적이다.

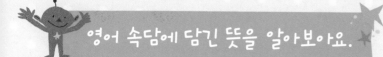

5. My success depends on my efforts.

내가 노력한 만큼 성공할 수 있는 가능성이 커진다는 뜻이랍니다.

My success depends on my efforts.

나의 성공은 나의 노력에 달렸다.

영어 속담에 들어 있는 단어를 따라 써 보세요.

my my my my

나의

success success success

성공

depends on depends on depends on

~에 달려 있다 (원형: depend on)

efforts efforts efforts efforts

노력 (단수: effort)

My success depends on my efforts.

나의 성공은 나의 노력에 달렸다.

My success depends on my efforts.

나의 성공은 나의 노력에 달렸다.

My success depends on my efforts.

나의 성공은 나의 노력에 달렸다.

6. A picture is worth a thousand words.

 다른 사람에게 이야기를 듣는 것보다 직접 경험해야 확실히 알 수 있다는 말이에요. '백문이 불여일견(百聞-不如一見)'이라는 고사성어와 같은 의미이지요.

A picture is worth a thousand words.

천 마디 말보다 한 번 보는 게 더 낫다.

 영어 속담에 들어 있는 단어를 따라 써 보세요.

picture picture picture picture

사진, 그림

worth worth worth worth

가치 있는

thousand thousand thousand

천(1,000), 천의

words words words words

말, 단어들 (단수: word)

A picture is worth a thousand words.
천 마디 말보다 한 번 보는 게 더 낫다.

A picture is worth a thousand words.

천 마디 말보다 한 번 보는 게 더 낫다.

A picture is worth a thousand words.

천 마디 말보다 한 번 보는 게 더 낫다.

7. A little knowledge is dangerous.

정확히 알지 못하면 오히려 해가 될 수 있다는 뜻으로, 우리나라 속담인 '선무당이 사람 잡는다.'와 비슷한 의미이지요.

A little knowledge is dangerous.

얄팍한 지식은 위험하다.

영어 속담에 들어 있는 단어를 따라 써 보세요.

little   little   little   little

조금, 적은, 얄팍한

knowledge   knowledge   knowledge

지식

dangerous   dangerous   dangerous

위험한

dangerous

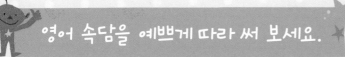

A little knowledge is dangerous.

얄팍한 지식은 위험하다.

A little knowledge is dangerous.

얄팍한 지식은 위험하다.

A little knowledge is dangerous.

얄팍한 지식은 위험하다.

8. Knowledge is love and light and vision.

지식이 얼마나 중요한지 잘 알려 주는 말이랍니다. 장애를 극복하고 유명한 사회 인사가 된 헬렌 켈러의 말이랍니다.

Knowledge is love and light and vision.

지식은 사랑이고, 빛이고, 통찰력이다.

 영어 속담에 들어 있는 단어를 따라 써 보세요.

knowledge knowledge knowledge

지식

love love love love

사랑

light light light light

빛

vision vision vision vision

통찰력, 전망

Knowledge is love and light and vision.

지식은 사랑이고, 빛이고, 통찰력이다.

Knowledge is love and light and vision.

지식은 사랑이고, 빛이고, 통찰력이다.

Knowledge is love and light and vision.

지식은 사랑이고, 빛이고, 통찰력이다.

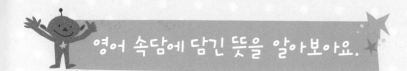
9. Our greatest weakness lies in giving up.

무슨 일을 하든지 끝까지 포기하지 말라는 뜻이에요.

Our greatest weakness lies in giving up.

우리의 가장 큰 실수는 포기하는 것이다.

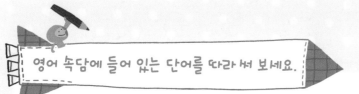

영어 속담에 들어 있는 단어를 따라 써 보세요.

greatest greatest greatest

가장 큰, 대단한 (great의 최상급)

weakness weakness weakness

약점

lies in lies in lies in lies in

~에 있다(원형: lie in)

giving up giving up giving up

포기하는 것 (원형: give up)

Our greatest weakness lies in giving up.
우리의 가장 큰 실수는 포기하는 것이다.

Our greatest weakness lies in giving up.

우리의 가장 큰 실수는 포기하는 것이다.

Our greatest weakness lies in giving up.

우리의 가장 큰 실수는 포기하는 것이다.

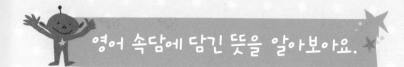
10. Wear the old coat and buy the new book.

겉모습보다는 마음을 살찌우는 독서와 공부의 중요성을 강조한 말이에요.

Wear the old coat and buy the

new book.

낡은 외투를 입고 새 책을 사라.

영어 속담에 들어 있는 단어를 따라 써 보세요.

wear wear wear wear

입다

coat coat coat coat

코트

buy buy buy buy

사다

book book book book

책

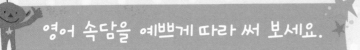 

Wear the old coat and buy the new book.

낡은 외투를 입고 새 책을 사라.

Wear the old coat and buy the new book.

낡은 외투를 입고 새 책을 사라.

Wear the old coat and buy the new book.

낡은 외투를 입고 새 책을 사라.

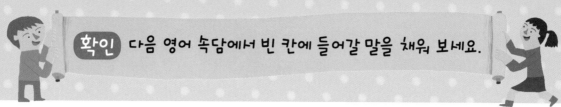

❶ Think slowly, [행동하다 : act] quickly.

❷ Rome was not [만들어진 :] in a day.

❸ Every [구름 :] has a silver lining.

❹ Idleness is an [적 :] to success.

❺ My [성공 :] depends on my efforts.

❻ A [그림 :] is worth a thousand words.

❼ A little knowledge is [위험한 :] .

❽ Knowledge is love and [빛 :] and vision.

❾ Our [가장 큰 :] weakness lies in giving up.

❿ Wear the old [코트 :] and buy the new book.

〈가로 속담〉

① My success depends on my _____.

② A picture is _____ a thousand words.

③ Think slowly, _____ quickly.

④ A little knowledge is _____.

〈세로 속담〉

❶ Knowledge is _____ and light and vision.

❷ Our _____ weakness lies in giving up.

❸ Every _____ has a silver lining.

❹ Idleness is an enemy to _____.

❺ Wear the old coat and buy the _____ book.

정답

쉬어가기 다음 그림을 보고 떠오르는 속담을 영어와 한글로 적어 보세요.

답:
_____

_____

답:
_____

_____

❶ Think slowly, act quickly.

❷ Rome was not built in a day.

❸ Every cloud has a silver lining.

❹ Idleness is an enemy to success.

❺ My success depends on my efforts.

❻ A picture is worth a thousand words.

❼ A little knowledge is dangerous.

❽ Knowledge is love and light and vision.

❾ Our greatest weakness lies in giving up.

❿ Wear the old coat and buy the new book.

A. 게으름은 성공의 적이다.

B. 낡은 외투를 입고 새 책을 사라.

C. 얄팍한 지식은 위험하다.

D. 천천히 생각하고 빨리 행동하라.

E. 로마는 하룻밤에 만들어지지 않았다.

F. 천 마디 말보다 한 번 보는 게 더 낫다.

G. 우리의 가장 큰 실수는 포기하는 것이다.

H. 모든 구름 안에는 은빛 자락이 있다.

I. 나의 성공은 나의 노력에 달렸다.

J. 지식은 사랑이고, 빛이고, 통찰력이다.

정답

❶ D ❷ E ❸ H ❹ A ❺ I ❻ F ❼ C ❽ J ❾ G ❿ B

4단계

Everything you can
imagine is real.

(상상할 수 있는 모든 것은 현실이 될 수 있다.)

세계적으로 유명한 화가 파블로 피카소가 한 말이에요.

피카소는 20세기 최고의 천재 화가였어요. 그는 다른 화가들과는 달리

새롭게 사물을 바라보고 상상력을 발휘해서

색다른 미술 기법을 창조해 냈답니다. 여러분도 피카소처럼 상상해

보세요. 여러분이 상상하는 것은 모두 이루어질 수 있답니다.

1. Too early to stop.

🌼 지금 겪고 있는 일이 아무리 힘들어도 끝까지 포기하지 말라는 뜻이에요.

Too early to stop.

그만두기에는 너무 이르다.

 영어 속담에 들어 있는 단어를 따라 써 보세요.

too too too too
너무, 지나치게

early early early early
일찍, 이른

stop stop stop stop
멈추다, 그만두다

Too early to stop.

그만두기에는 너무 이르다.

Too early to stop.

그만두기에는 너무 이르다.

Too early to stop.

그만두기에는 너무 이르다.

2. Easier said than done.

말하는 것은 쉽지만 그것을 행동으로 옮기는 것은 어렵다는 뜻이에요.

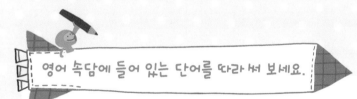

Easier said than done.

말은 행동보다 더 쉽다.

영어 속담에 들어 있는 단어를 따라 써 보세요.

easier easier easier easier

더 쉬운 (easy의 비교급)

said said said said

말

than than than than

~보다

done done done done

행동

Easier said than done.

말은 행동보다 더 쉽다.

Easier said than done.

말은 행동보다 더 쉽다.

Easier said than done.

말은 행동보다 더 쉽다.

3. Better late than never.

하지 않는 것보다는 시작이라도 해 보는 것이 더 낫다는 뜻이에요.

Better late than never.

안 하는 것보다는 늦게라도 하는 게 낫다.

영어 속담에 들어 있는 단어를 따라 써 보세요.

better better better better

나은, 더 좋은 (good의 비교급)

late late late late

늦은

than than than than

～보다

never never never never

(조금도, 결코) ～ 아닌

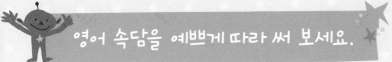

Better late than never.

안 하는 것보다는 늦게라도 하는 게 낫다.

Better late than never.

안 하는 것보다는 늦게라도 하는 게 낫다.

Better late than never.

안 하는 것보다는 늦게라도 하는 게 낫다.

4. It is better than nothing.

아무리 보잘것없는 것이라 할지라도 있는 것이 더 낫다는 뜻이에요.

It is better than nothing.

없는 것보다는 낫다.

영어 속담에 들어 있는 단어를 따라 써 보세요.

it it it it

그것

better better better better

나은, 더 좋은 (good의 비교급)

than than than than

~보다

nothing nothing nothing nothing

없음, 조금도 ~않는 것(일)

It is better than nothing.

없는 것보다는 낫다.

It is better than nothing.

없는 것보다는 낫다.

It is better than nothing.

없는 것보다는 낫다.

5. Step by step goes a long way.

조금씩 하다 보면 언젠가는 이룰 수 있다는 뜻이에요.

Step by step goes a long way.

한걸음 한걸음 걷다 보면 멀리 가게 된다.

영어 속담에 들어 있는 단어를 따라 써 보세요.

step by step step by step

한걸음 한걸음

goes goes goes goes

가다 (원형: go)

long long long long

긴, 기다란

way way way way

길, 방법

Step by step goes a long way.

한걸음 한걸음 걷다 보면 멀리 가게 된다.

Step by step goes a long way.

한걸음 한걸음 걷다 보면 멀리 가게 된다.

Step by step goes a long way.

한걸음 한걸음 걷다 보면 멀리 가게 된다.

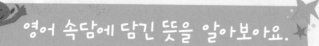
6. Slow and steady wins the race.

꾸준하게 하는 성실함이 무엇보다 중요하다는 뜻이랍니다.

Slow and steady wins the race.

천천히 꾸준히 하다 보면 경주에서 이긴다.

영어 속담에 들어 있는 단어를 따라 써 보세요.

slow slow slow slow

천천히

steady steady steady steady

꾸준히

wins wins wins wins

이기다 (원형: win)

race race race race

경주

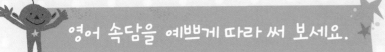
Slow and steady wins the race.

천천히 꾸준히 하다 보면 경주에서 이긴다.

Slow and steady wins the race.

천천히 꾸준히 하다 보면 경주에서 이긴다.

Slow and steady wins the race.

천천히 꾸준히 하다 보면 경주에서 이긴다.

7. If you can dream it, you can do it.

 상상할 수 있는 일들은 현실에서도 이룰 수 있다는 말이에요. 미국의 영화 제작자인 월트 디즈니가 한 말이에요.

If you can dream it, you can do it.

꿈을 꿀 수 있다면, 꿈을 이룰 수도 있다.

 영어 속담에 들어 있는 단어를 따라 써 보세요.

if if if if

만약 ~한다면

you you you you

너, 당신

can can can can

할 수 있다

dream dream dream dream

꿈꾸다

If you can dream it, you can do it.

꿈을 꿀 수 있다면, 꿈을 이룰 수도 있다.

If you can dream it, you can do it.

꿈을 꿀 수 있다면, 꿈을 이룰 수도 있다.

If you can dream it, you can do it.

꿈을 꿀 수 있다면, 꿈을 이룰 수도 있다.

8. Patience is bitter, but its fruit is sweet.

지금 힘든 일을 겪고 있지만, 나중에는 즐거움이 온다는 뜻이에요. After pain comes joy.와 비슷한 의미랍니다.

Patience is bitter, but its fruit is sweet.

인내는 쓰지만 그 열매는 달다.

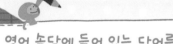
영어 속담에 들어 있는 단어를 따라 써 보세요.

patience patience patience

인내

bitter bitter bitter bitter

(맛이) 쓴

fruit fruit fruit fruit

과일, 열매

sweet sweet sweet sweet

달콤한

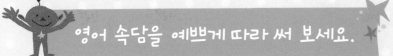 

Patience is bitter, but its fruit is sweet.

인내는 쓰지만 그 열매는 달다.

Patience is bitter, but its fruit is sweet.

인내는 쓰지만 그 열매는 달다.

Patience is bitter, but its fruit is sweet.

인내는 쓰지만 그 열매는 달다.

9. I am a slow walker, but I never walk back.

천천히 가더라도 끝까지 포기하지 않는 것이 중요하다는 뜻이에요. 미국의 16대 대통령인 에이브라함 링컨이 한 말입니다.

I am a slow walker, but I never walk back.

나는 느리게 걷지만 절대 뒤로는 걷지 않는다.

 영어 속담에 들어 있는 단어를 따라 써 보세요.

slow slow slow slow

느린, 천천히

walker walker walker walker

걷는 사람

never never never never

(조금도, 결코) ~이 아닌

back back back back

뒤로

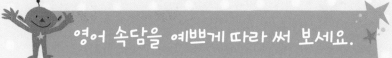 

I am a slow walker, but I never walk back.

나는 느리게 걷지만 절대 뒤로는 걷지 않는다.

I am a slow walker, but I never walk back.

나는 느리게 걷지만 절대 뒤로는 걷지 않는다.

I am a slow walker, but I never walk back.

나는 느리게 걷지만 절대 뒤로는 걷지 않는다.

10. If you do not walk today, you have to run tomorrow.

무엇인가를 이루기 위해서는 매일 꾸준히 해야 한다는 것을 잘 알려 주는 말이에요.

If you do not walk today,

you have to run tomorrow.

오늘 걷지 않는다면, 내일 뛰어야 한다.

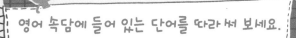
영어 속담에 들어 있는 단어를 따라 써 보세요.

walk walk walk walk

걷다

today today today today

오늘

run run run run

달리다

tomorrow tomorrow tomorrow

내일

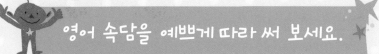
If you do not walk today, you have to run tomorrow.

오늘 걷지 않는다면, 내일 뛰어야 한다.

If you do not walk today, you have to run tomorrow.

오늘 걷지 않는다면, 내일 뛰어야 한다.

If you do not walk today, you have to run tomorrow.

오늘 걷지 않는다면, 내일 뛰어야 한다.

❶ Too early to [멈추다 : **stop**] .

❷ Easier said [~보다 :] done.

❸ Better [늦은 :] than never.

❹ It is better than [없음 :] .

❺ Step by step goes a [긴 :] way.

❻ [천천히 :] and steady wins the race.

❼ If you can [꿈꾸다 :] it, you can do it.

❽ Patience is bitter, but its [열매 :] is sweet.

❾ I am a slow walker, but I never walk [뒤로 :] .

❿ If you do not walk today, you have to run [내일 :] .

〈가로 속담〉

① It is better than _____.

② Step by _____ goes a long way.

③ If you can _____ it, you can do it.

④ I am a _____ walker, but I never walk back.

⑤ If you do not walk today, you have to _____ tomorrow.

⑥ Slow and _____ wins the race.

〈세로 속담〉

❶ Patience is _____, but its fruit is sweet.

❷ Better late than _____.

❸ Too _____ to stop.

❹ Easier said than _____.

❶

답:

----

❷

답:

정답

❶ Patience is bitter, but its fruit is sweet. 인내는 쓰지만 그 열매는 달다.
❷ If you can dream it, you can do it. 꿈꿀 수 있다면, 꿈을 이룰 수도 있다.

❶ Too early to stop.

❷ Easier said than done.

❸ Better late than never.

❹ It is better than nothing.

❺ Step by step goes a long way.

❻ Slow and steady wins the race.

❼ If you can dream it, you can do it.

❽ Patience is bitter, but its fruit is sweet.

❾ I am a slow walker, but I never walk back.

❿ If you do not walk today, you have to run tomorrow.

A. 인내는 쓰지만 그 열매는 달다.

B. 한걸음 한걸음 걷다 보면 멀리 가게 된다.

C. 꿈을 꿀 수 있다면, 꿈을 이룰 수도 있다.

D. 말은 행동보다 더 쉽다.

E. 없는 것보다는 낫다.

F. 그만두기에는 너무 이르다.

G. 안 하는 것보다는 늦게라도 하는 게 더 낫다.

H. 오늘 걷지 않는다면, 내일 뛰어야 한다.

I. 천천히 꾸준히 하다 보면 경주에서 이긴다.

J. 나는 느리게 걷지만 절대 뒤로는 걷지 않는다.

정답

❶F ❷D ❸G ❹E ❺B ❻I ❼C ❽A ❾J ❿H

바른 글씨체를 잡아 주는 영어 속담 따라 쓰기

1판 1쇄 발행 | 2013. 8. 30.
1판 4쇄 발행 | 2021. 11. 1.

마선미 글 | 김영곤 그림

발행처 김영사 | **발행인** 고세규
등록번호 제 406-2003-036호 | **등록일자** 1979. 5. 17.
주소 경기도 파주시 문발로 197(우10881)
전화 마케팅부 031-955-3100 | **편집부** 031-955-3113~20 | **팩스** 031-955-3111

값은 표지에 있습니다.
ISBN 978-89-349-6416-2 63700

좋은 독자가 좋은 책을 만듭니다. 김영사는 독자 여러분의 의견에 항상 귀 기울이고 있습니다.
전자우편 book@gimmyoung.com | 홈페이지 www.gimmyoungjr.com